왁자지껄

우리 관계

NE능률

여러분을 응원합니다!

따뜻한 글을 쓴 선생님이……

이현정 따라 쓰는 과정에서 자연스럽게 좋은 습관과 생각이 자라날 거예요.

김서나경 마음은 알아채기 어려워요. 이 책이 나도 모르는 내 마음을 쉽게 이해하도록 도와줄 거예요.

왕입분 새로운 세상을 배우고, 친구들과 함께 웃으며, 매일매일 즐거운 추억을 만들어 보세요.

재기 발랄한 그림을 그린 선생님이……

루루 학교생활이 재밌고 즐거운 추억으로 가득 채워지길 바라요.

명하나 마음을 가만히 들여다봐요. 내 마음도 다른 사람의 마음도 잘 살피는 다정한 사람이 되길 바라요.

혜경 가끔은 자신이 마음에 안 들 때도 있지. 그럼 어때. 항상 좋을 수는 없잖아. 자기 자신을 사랑해 봐!

유현진 오늘의 작은 일들이 모여 자신을 조금씩 더 멋진 사람으로 만들어 줄 거예요!

김경진 다른 사람과 함께 걷는다는 것은 때론 신나고 때론 기다림을 배우는 시간이 될 거예요.

지효진 책을 읽고 학교생활을 하며 사회성을 쑥쑥 키우길 바랍니다.

정희정 지금의 너처럼, 우리의 마음이 자라면 세상도 더 넓어질 거야.

윤희재 여러분의 꿈이 한 뼘 더 자라게 될 테니 자신 있게 나아가 봐요.

이 책을 기획한 선생님이……

NE 초등마음연구회 글은 마음의 거울이래요. 이 책에 담는 정성만큼, 여러분의 마음도 예쁘게 자랄 거예요.

머리말

최근 우리 아이들은 또래 관계, 과도한 학습 경쟁, 인성 교육의 부재 등으로 정서적 어려움을 겪고 있습니다. 이런 아이들의 마음을 행복하게 하고 건강한 사회의 구성원이 되도록 도와주기 위해서는 무엇이 필요할까요?

교육부에서는 2025년부터 사회정서교육을 도입하고 있습니다. 이 교육은 자기 이해, 자기 관리, 타인 이해, 대인 관계, 책임 있는 의사 결정의 5대 핵심 역량을 증진하는 데 목적이 있습니다. 사회정서교육을 통해 아이들의 마음 건강에 도움을 주고, 행동 문제를 예방하고자 하고 있습니다.

쓱쓱싹싹은 사회정서교육의 핵심 역량을 아이들이 공감할 수 있는 이야기에 담아 표현했습니다. 아이들이 직접 겪어 볼 수 있는 일화가 담긴 글을 읽으며 글 안에 담겨 있는 사회정서의 핵심 역량을 스스로 찾고 생각하며 마음에 새길 수 있도록 하였습니다.

특히 책의 내용을 마음에 새기는 데 효과적인 활동인 '따라쓰기'를 활용하여, 아이들이 생각해 볼 만한 부분을 원고지에 직접 따라 쓰도록 구성하였습니다.

▲ **쓱쓱싹싹** 시리즈

쓱쓱싹싹을 통해 사회정서의 핵심 역량을 담은 글을 읽으며 마음을 치유하고, 이를 따라 쓰며 그 내용을 마음에 새겨 보세요. 쓰기 자신감이 향상되는 효과도 함께 얻을 수 있습니다.

이제 우리의 마음을 따뜻하게 할 이야기들과 만날 준비가 되셨나요?

이 책의 활용법

이 책은 '관계'에 관한 사회정서 주제를 중심으로, 이야기를 읽고 따라 쓰며 생각과 마음을 함께 키울 수 있도록 구성되어 있어요. 다양한 주제의 이야기를 읽으면서 문해력을 키우고, 주제에 맞는 내용을 따라 쓰면서 올바른 쓰기 습관을 길러 보세요. 낱말 놀이를 통해 어휘력도 함께 성장시킬 수 있어요.

다음 순서로 활용해 보세요.

01 오늘의 주제를 확인하고, 이야기를 천천히 읽어요.

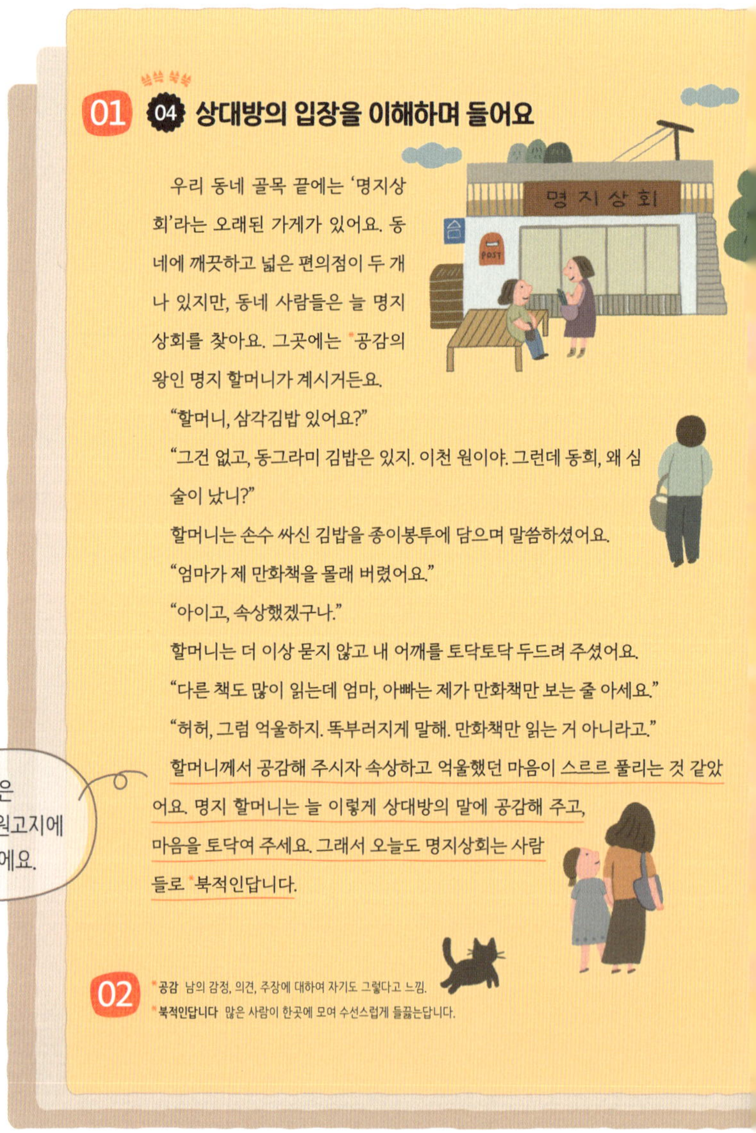

01 04 상대방의 입장을 이해하며 들어요

우리 동네 골목 끝에는 '명지상회'라는 오래된 가게가 있어요. 동네에 깨끗하고 넓은 편의점이 두 개나 있지만, 동네 사람들은 늘 명지상회를 찾아요. 그곳에는 *공감의 왕인 명지 할머니가 계시거든요.

"할머니, 삼각김밥 있어요?"

"그건 없고, 동그라미 김밥은 있지. 이천 원이야. 그런데 동희, 왜 심술이 났니?"

할머니는 손수 싸신 김밥을 종이봉투에 담으며 말씀하셨어요.

"엄마가 제 만화책을 몰래 버렸어요."

"아이고, 속상했겠구나."

할머니는 더 이상 묻지 않고 내 어깨를 토닥토닥 두드려 주셨어요.

"다른 책도 많이 읽는데 엄마, 아빠는 제가 만화책만 보는 줄 아세요."

"허허, 그럼 억울하지. 똑부러지게 말해. 만화책만 읽는 거 아니라고."

할머니께서 공감해 주시자 속상하고 억울했던 마음이 스르르 풀리는 것 같았어요. 명지 할머니는 늘 이렇게 상대방의 말에 공감해 주고, 마음을 토닥여 주세요. 그래서 오늘도 명지상회는 사람들로 *북적인답니다.

02 *공감 남의 감정, 의견, 주장에 대하여 자기도 그렇다고 느낌.
*북적인답니다 많은 사람이 한곳에 모여 수선스럽게 들끓는답니다.

밑줄 친 부분은 주제가 담겨 있고, 원고지에 따라 쓸 부분이에요.

02 이야기 속 어려운 어휘를 살펴보아요.

03 밑줄 친 부분을 다시 읽고, 원고지에 따라 써요.

04 오늘 느낀 내 마음을 한 줄 일기로 써요.

05 각 장이 끝나면, 낱말 놀이를 하며 어휘력을 키워요.

* 정답은 마지막 페이지에서 확인할 수 있어요.

쑥쑥 따라 쓰는 한 줄 한 줄 속에서
마음은 단단해지고
생각은 자라납니다.
읽고, 쓰고, 생각하는 과정을 통해
사회정서의 힘을
쑥쑥 성장시켜 보세요.

차례

원고지 쓰는 방법

원고지에 글을 쓸 때는 방법을 알아야 해요. 원고지에 글을 쓰면 글씨를 바르게 쓰는 방법, 띄어쓰기 등도 함께 익힐 수 있어요.

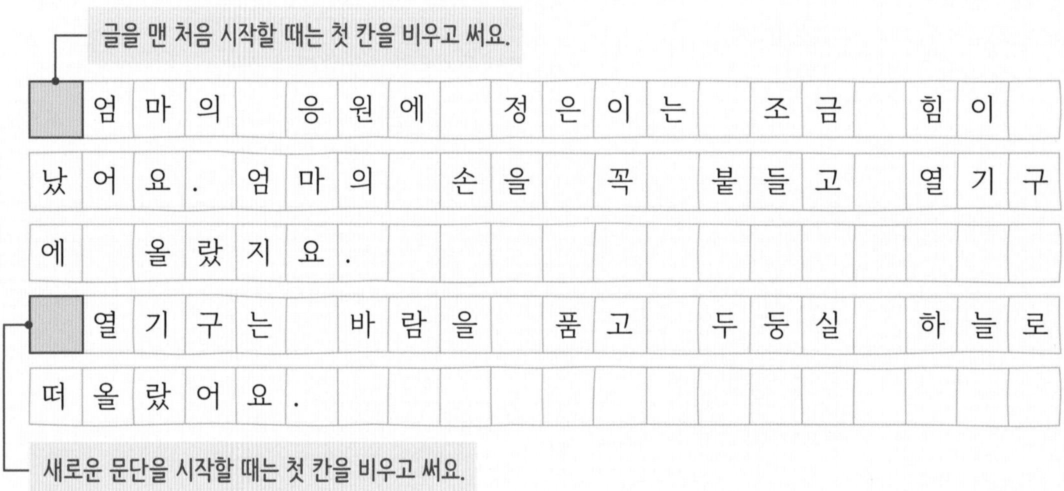

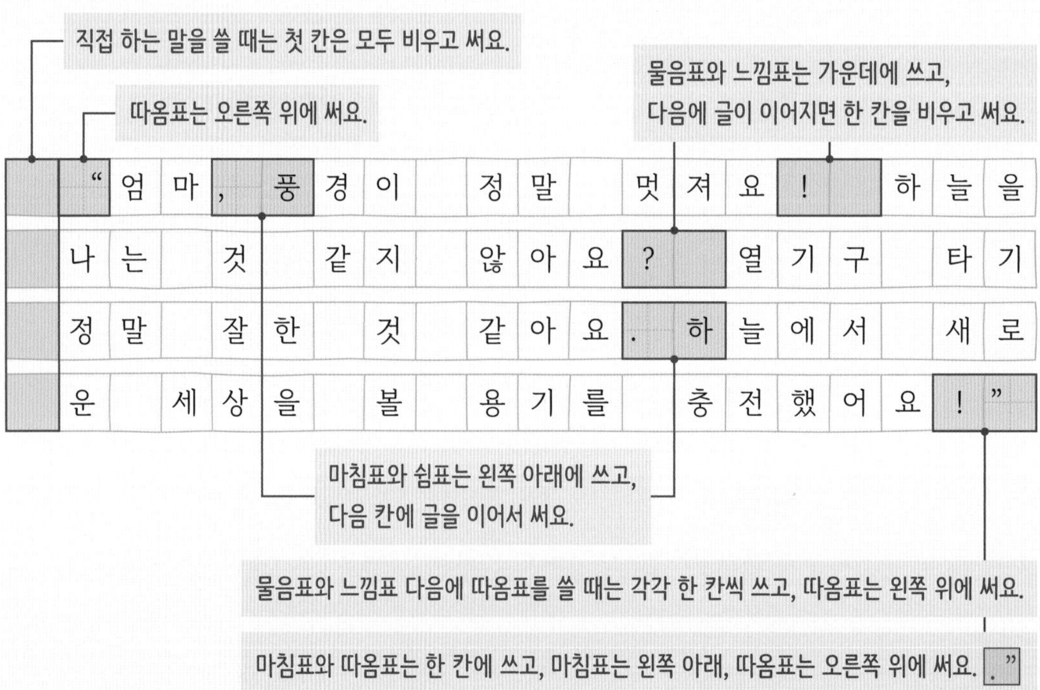

1장

마음을 담아 귀 기울여요

01 상대방의 눈을 보고 들어요

우리 선생님은 특별한 능력을 갖고 있어요. 속마음은 물론, 살짝 부끄러운 *비밀까지도 술술 말하게 만드는 능력이지요.

그래서 우리 반 종민이는 자다가 이불에 오줌을 싼 이야기를 했고요. 나는 엄마한테 야단맞은 이야기까지 털어놓고 말았답니다.

"선생님, 이상해요."

"뭐가?"

"선생님이랑 이야기하면 말이 술술 나와요. 선생님이 특별한 말을 하지 않아도 자꾸 말하게 돼요. 왜 그런 걸까요?"

선생님은 비밀이라도 털어놓듯 소곤소곤 속삭였어요.

"음, 그건 선생님이 네 눈을 보며 이야기를 들어서 그런 게 아닐까? 선생님은 누군가와 말할 때 눈을 보며 듣거든. 그래야 상대방의 이야기에 좀 더 집중할 수 있으니까."

선생님의 비결은 다른 사람의 말을 들을 때 눈을 보며 집중하는 것이었어요. 눈을 보고 *진심으로 들어 주니 마음의 문이 활짝 열리고, 말이 술술 나온 거지요. 대화는 서로 마음을 여는 거니까요.

*비밀 숨기어 남에게 드러내거나 알리지 말아야 할 일.

*진심 거짓이 없는 참된 마음.

밑줄 친 부분을 쓱쓱 따라 써 봐요 읽고 쓴 날 월 일

한 줄 일기를 쓰고 쑥쑥 마음을 키워요

02 말을 끊지 말고 끝까지 들어요

우리 누나 별명은 '*싹둑 대마왕'이에요. 누가 말을 하면 중간에 싹둑 끊어 버리거든요.

"누나, 나 오늘 책장에서……."

"있잖아. 내가 어제 꿈에서 돈을 *잔뜩 캤거든."

"누나, 내가 오늘 말이야……."

말을 이어 가 보려고 했지만, 누나는 내 말을 계속 끊었어요.

"캐낸 돈을 분명히 바구니에 담았는데, 없는 거야."

오늘은 도저히 참을 수 없어서 이야기했어요.

"누나가 가위야? 왜 자꾸 남의 말을 끊어? 말하다가 끊기면 기분이 나쁘다고."

누나는 놀란 듯 눈을 동그랗게 떴어요.

"미, 미안해. 아니, 나는……"

나도 누나 말을 끊고 말을 해 버렸어요.

"사실 오늘, 책에 꽂아 두고 잊어버리고 있었던 돈을 찾아서 누나에게 아이스크림을 사 준다고 말하려고 했는데. 기분 나빠서 취소야."

그날 이후 누나는 다른 사람의 말을 끊지 않고, 다 들은 다음에 말하려고 노력해요. 누나도 중간에 남의 말을 끊는 게 상대방의 기분을 얼마나 상하게 하는지 알게 됐거든요. 그래서 우리 누나는 이제 더 이상 '싹둑 대마왕'이 아니랍니다.

*싹둑 어떤 물건을 도구나 기계 등이 해결할 수 있을 만큼의 힘으로 단번에 자르거나 베는 소리. 또는 그 모양.

*잔뜩 한도에 이를 때까지 가득.

밑줄 친 부분을 쓱쓱 따라 써 봐요

읽고 쓴 날 월 일

한 줄 일기를 쓰고 쑥쑥 마음을 키워요

03 상대방의 말에 귀 기울여요

나는 오늘 『모모』라는 책을 읽었어요. 모모라는 여자아이가 나오는 이야기예요.

책을 읽으며 가장 *인상 깊었던 부분은 모모가 사람들의 이야기를 귀 기울여 들어주는 장면이었어요.

동네 사람들은 고민이 있거나 상처받았을 때 모모를 찾아갔어요. 모모는 아직 어린아이였지만 사람들의 말을 진심으로 들어주었거든요.

사람들은 모모에게 자신의 이야기를 하다가 *해답을 찾아서 돌아가기도 하고, 마음이 풀려서 돌아가기도 했어요. 모모는 그저 잘 들어주었을 뿐인데 말이에요.

나는 책을 다 읽고 나서 생각했어요. '상대방의 이야기를 진심으로 잘 들어주는 것은 정말 큰 힘이 있구나.' 하고 말이에요.

그래서 나는 다짐했어요.

'나도 모모처럼 상대방의 이야기를 성의 있게 귀 기울여 들어야지.'라고요. 누군가 내 이야기에 귀 기울여 주면 존중받는 느낌이 들고, 마음도 편안해지니까요. 모모를 찾아온 사람들이 그랬던 것처럼요.

*인상 어떤 대상에 대하여 마음속에 새겨지는 느낌.

*해답 질문이나 의문을 풀이함.

밑줄 친 부분을 쓱쓱 따라 써 봐요 읽고 쓴 날 월 일

한 줄 일기를 쓰고 쑥쑥 마음을 키워요

04 상대방의 입장을 이해하며 들어요

우리 동네 골목 끝에는 '명지상회'라는 오래된 가게가 있어요. 동네에 깨끗하고 넓은 편의점이 두 개나 있지만, 동네 사람들은 늘 명지상회를 찾아요. 그곳에는 *공감의 왕인 명지 할머니가 계시거든요.

"할머니, 삼각김밥 있어요?"

"그건 없고, 동그라미 김밥은 있지. 이천 원이야. 그런데 동희, 왜 심술이 났니?"

할머니는 손수 싸신 김밥을 종이봉투에 담으며 말씀하셨어요.

"엄마가 제 만화책을 몰래 버렸어요."

"아이고, 속상했겠구나."

할머니는 더 이상 묻지 않고 내 어깨를 토닥토닥 두드려 주셨어요.

"다른 책도 많이 읽는데 엄마, 아빠는 제가 만화책만 보는 줄 아세요."

"허허, 그럼 억울하지. 똑부러지게 말해. 만화책만 읽는 거 아니라고."

할머니께서 공감해 주시자 속상하고 억울했던 마음이 스르르 풀리는 것 같았어요. 명지 할머니는 늘 이렇게 상대방의 말에 공감해 주고, 마음을 토닥여 주세요. 그래서 오늘도 명지상회는 사람들로 *북적인답니다.

***공감** 남의 감정, 의견, 주장에 대하여 자기도 그렇다고 느낌.

***북적인답니다** 많은 사람이 한곳에 모여 수선스럽게 들끓는답니다.

밑줄 친 부분을 쑥쑥 따라 써 봐요

읽고 쓴 날 월 일

한 줄 일기를 쓰고 쑥쑥 마음을 키워요

05 공감한 것을 잘 표현해요

수다쟁이 달희가 며칠째 말이 없어요. 달희가 태어났을 때부터 함께했던 강아지 콩이가 하늘나라로 떠났거든요.

나는 어떻게 *위로해야 할지 몰라, 그저 달희 옆에 가만히 앉았어요. 달희는 나를 보자 눈물을 뚝뚝 떨궜지요. 내 마음도 덜컥 내려앉는 것 같아 함께 울었어요.

"괜찮아?"

달희는 고개를 저은 뒤 푹 숙였어요.

"콩이가 없으니까, 집이 너무 조용해."

콩이는 달희보다 먼저 태어났지만, 달희에게는 동생 같은 존재였어요. 달희는 콩이를 야단치고 *타이르고 장난도 치며 정말 동생처럼 대했었지요.

나는 달희의 슬픔이 고스란히 느껴졌어요. 그래서 달희의 등을 쓰다듬으며 오래 곁에 있었어요.

"고마워. 내 슬픔을 이해해 줘서. 네 덕분에 조금 괜찮아졌어."

내가 해 준 거라곤 함께 울고, 등을 쓸어 준 것뿐인데도 달희는 힘이 되었다고 했어요. 이제는 알 것 같아요. '네 마음을 나도 똑같이 느끼고 있어.'라는 것을 표현하는 것만으로도, 친구의 마음을 따뜻하게 만들어 줄 수 있다는 것을요.

*위로 따뜻한 말이나 행동으로 괴로움을 덜어 주거나 슬픔을 달래 줌.

*타이르고 잘 깨닫도록 일의 이치를 밝혀 말해 주고.

밑줄 친 부분을 쓱쓱 따라 써 봐요

읽고 쓴 날 월 일

한 줄 일기를 쓰고 쑥쑥 마음을 키워요

쑥쑥쑥쑥

낱말 놀이

사다리를 타며 낱말을 찾아봐!

다음은 어떤 낱말의 뜻인지 사다리를 타고 내려가 확인해 보세요.

숨기어 남에게 드러내거나 알리지 말아야 할 일.

많은 사람이 한곳에 모여 수선스럽게 들끓다.

남의 감정, 의견, 주장에 대하여 자기도 그렇다고 느낌.

따뜻한 말이나 행동으로 괴로움을 덜어 주거나 슬픔을 달래 줌.

공감　　위로　　비밀　　북적이다

2장

예쁘고 바르게 말해요

쓱쓱 쑥쑥

06 비속어를 쓰지 않아요

"개!"

윤수는 이 말을 입에 달고 살아요. 급식에 맛없는 음식이 나오면 "개 맛없다.", 친구가 엉뚱한 행동을 하면 "개 웃기네."라고요.

그런데 얼마 전, 윤수네 반에 정아라는 친구가 전학을 왔어요. 윤수는 정아와 친해지고 싶어서 먼저 말을 걸었어요.

"안녕! 나는 이윤수야. 우리 친하게 지내자. 아우, 개 쑥스럽네."

윤수가 반갑게 인사를 건넸는데, 정아의 표정이 좋지 않았어요.

"너 지금 나한테 욕한 거야?"

"아, 이건 욕이 아니라……."

정아는 윤수의 말이 끝나기도 전에 말 걸지 말라며 가 버렸어요. 욕하는 친구는 싫다면서요.

윤수는 당황했어요. 자신이 쓰는 말이 누군가를 기분 나쁘게 할 수 있다는 것을 미처 몰랐거든요. 그제야 윤수는 깨달았어요. 아무 생각 없이 내뱉은 거친 말이 자신에 대해 나쁜 인상을 갖게 하고, 친구 사이를 가로막는다는 것을요.

그래서 윤수는 마음먹었어요. *습관처럼 입에 달고 살던 '개'라는 말을 이제는 쓰지 않기로요. 그러면 정아와도 친구가 될 수 있을 거라 *기대하며 말이에요.

*__습관__ 오랫동안 되풀이하는 동안에 저절로 익혀진 행동 방식.

*__기대하며__ 어떤 일이 원하는 대로 이루어지기를 바라면서 기다리며.

밑줄 친 부분을 쑥쑥 따라 써 봐요

읽고 쓴 날 월 일

한 줄 일기를 쓰고 쑥쑥 마음을 키워요

07 성차별 표현을 쓰지 않아요

"여자가 무슨 달리기 대표를 하냐?"

목소리 큰 호준이가 큰 소리로 떠들었어요.

"여자가 왜 못 해? 달리기를 잘하면 대표를 하는 거지."

똑부러지는 은진이가 지지 않고 받아쳤어요.

반 대항 달리기 대회에 나갈 대표를 뽑는 중이었는데, 누구를 뽑아야 할지 몰라 서로 *티격태격하고 있던 중이었어요.

결국, 달리기 시합을 해서 대표를 정하기로 했지요. 결과는 은진이의 승리였어요.

"자, 실력으로 이겼으니까, 이제 내가 반 대표 맞지?"

"분하지만 어쩔 수 없지."

호준이가 돌아서 가려는 순간, 은진이가 호준이를 붙잡았어요.

"그리고 한 가지 더! 너 말할 때 자꾸 '여자가 무슨.', '여자는 말이야.'라고 하는데, 그거 *성차별 표현이야. 내가 너한테 '남자가 무슨.', '남자는 말이야.'라고 하면 기분 좋겠니? 그러니까 앞으로 그런 성차별 표현 쓰지 말아 줘."

"아, 알았어. 알았다고."

호준이는 은진이의 말에 당황해서 기어 들어 가는 목소리로 대답했답니다.

***티격태격하고** 서로 뜻이 맞지 아니하여 이러니저러니 시비를 따지며 가리고.

***성차별** 성별로 인한 차별.

밑줄 친 부분을 쓱쓱 따라 써 봐요

읽고 쓴 날 월 일

한 줄 일기를 쓰고 쑥쑥 마음을 키워요

쑥쑥 쑥쑥

08 친구의 비밀을 함부로 말하지 않아요

"정은아, 있잖아. 비밀인데, 나 민준이가 좋아."

은채가 가슴속에 숨겨 두었던 비밀을 나에게 털어놓았어요. 나는 아무한테도 말하지 못하고 혼자 끙끙댔을 은채가 안쓰러워 어깨를 토닥여 주었지요.

그런데 다음 날, 유영이가 은채와 나에게 깜짝 놀랄 이야기를 했어요.

"나, 오늘 민준이한테 좋아한다고 *고백할 거야."

나는 너무 놀라서 소리쳤어요

"안 돼!"

유영이는 내 뜻밖의 *반응에 놀라 물었어요.

"왜? 왜 안 되는데? 나, 민준이 좋아해."

"안 돼. 은채가 민준이 좋아해."

나는 그만, 나도 모르게 은채의 비밀을 말해 버렸어요. 그 순간 은채는 울먹이며 뛰쳐나갔지요.

'내가 지금 무슨 짓을 한 거지?'

나는 곧장 은채에게 달려가 사과했어요. 은채는 괜찮다고 말해 주었지만, 내 마음은 무겁기만 했지요. 그날 이후, 나는 나를 믿고 털어놓은 친구의 비밀을 다른 사람에게 함부로 말하지 않겠다고 생각했어요. 어떤 순간에도 말이에요.

*고백 마음속에 생각하고 있는 것이나 감추어 둔 것을 사실대로 숨김없이 말함.

*반응 자극에 대응하여 어떤 현상이 일어남. 또는 그 현상.

밑줄 친 부분을 쑥쑥 따라 써 봐요

읽고 쓴 날 월 일

한 줄 일기를 쓰고 쑥쑥 마음을 키워요

09 친구에게 지적하는 말을 하지 않아요

친구들은 나를 '꽃게'라고 불러요. 옆으로 걸어서가 아니라, 이것저것 잘 *꼬집어서요.

가방을 잘 걸어 놓지 않는 친구에게는 "정리할 줄 모르니?"라고 꼬집고, 줄무늬 옷을 입은 친구에게는 "네가 얼룩말이냐?"라고 꼬집었지요.

그런데 오늘, 진우가 미술 시간에 내가 그린 그림을 보고 말했어요.

"민서야, 그림을 왜 이렇게 대충 그렸어? 꼭 유치원생 그림 같다."

순간 얼굴이 확 달아올랐어요.

그리고 급식 시간에는 우탁이가 내 식판을 보며 말했어요.

"넌 왜 맨날 고기만 먹냐? 채소도 먹어야지."

그 말이 마음에 콕 박혔어요. 나는 그제야 깨달았어요. 내가 했던 *지적들이 친구들의 마음을 얼마나 아프게 했는지를요. 나는 집에 와서 엄마에게 고민을 털어놓았어요.

"엄마, 제가 친구들한테 지적을 너무 많이 했었나 봐요."

"그래? 그럼 앞으로는 친구들의 잘못이나 옷차림, 외모를 지적하기보다 좋은 점이나 멋진 점을 말해 주면 어떨까?"

민서는 엄마의 말에 환하게 웃으며 고개를 끄덕였어요.

*꼬집어서요 기분이 상하게 비틀어 말해서요.

*지적 허물을 드러내어 폭로하는 것.

밑줄 친 부분을 쓱쓱 따라 써 봐요

읽고 쓴 날 월 일

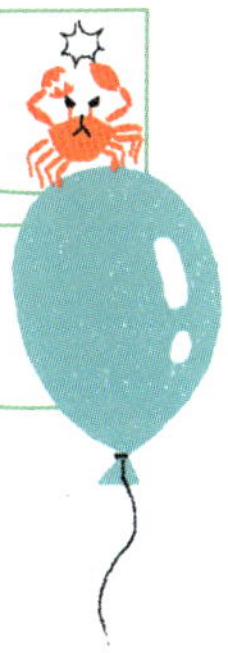

한 줄 일기를 쓰고 쑥쑥 마음을 키워요

10 친구에게 칭찬하는 말을 해요

"…… 97, 98, 99, 100!"

체육 시간, 우리 반 친구들은 줄넘기 100개 넘기에 도전하고 있었어요. 100개를 쉬지 않고 넘는 것은 생각보다 어려웠지요.

그런데 놀랍게도, 제완이가 줄넘기 100개를 넘었어요. 얼마 전까지만 해도 열 개만 넘어도 숨이 차서 헉헉거리던 아이였는데 말이에요.

"제완아, 대단하다. 줄넘기를 어떻게 잘하게 된 거야?"

"그냥 매일매일 연습했어. 하루도 안 빼먹고."

솔직히 나 같으면 하루이틀 만에 포기했을 거예요. 그런데 제완이는 달랐어요. 줄넘기 100개를 이미 넘겼는데도 또 연습을 했어요. 제완이는 땀에 흠뻑 젖은 얼굴로 웃으며 말했어요.

"네가 잘했다고 *칭찬해 주니까 기분이 좋다."

"아니야, 이건 진짜 칭찬할 일이야. *꾸준히 노력하는 거 정말 어려운 건데, 너 정말 대단해."

열심히 노력하는 모습이 멋져서 칭찬한 것인데, 제완이가 좋아하니까 내 마음도 덩달아 행복해졌어요. 칭찬은 받는 사람뿐만 아니라 하는 사람의 마음도 따뜻하게 만드는 힘이 있는 것 같아요.

*칭찬 좋은 점이나 착하고 훌륭한 일을 높이 평가함.

*꾸준히 한결같이 부지런하고 끈기가 있는 태도로.

밑줄 친 부분을 쓱쓱 따라 써 봐요

읽고 쓴 날 월 일

한 줄 일기를 쓰고 쑥쑥 마음을 키워요

쑥쑥쑥쑥

낱말 놀이

꼬불꼬불 길을 따라 문장을 만들어 봐!

다음 문장의 빈칸에 들어갈 낱말을 찾아 길을 따라가 보세요.

3장

가까운 사이에도 예의를 갖춰요

11 대화할 때 끼어들지 않아요

"여보, 어머님 생신 때 어디에서 식사할까요?"

"한정식을 파는 식당 어때요?"

식탁에서 엄마와 아빠가 할머니의 생신 잔치를 할 장소를 진지하게 의논 중이었어요. 그런데 먹는 거라면 빠지지 않는 영지가 슬쩍 *끼어들었어요.

"치킨집이요. 프라이드치킨 반, 양념치킨 반 먹어요."

"영지야, 할머니는 치킨 안 좋아하시잖아. 할머니가 좋아하실 만한……."

"그러면 고깃집에 가요. 갈비뼈 뜯고 싶어요."

영지는 부모님의 대화에 끼어들어 자기 얘기만 줄줄 쏟아냈어요. 그러자 엄마가 팔짱을 딱 끼고 눈을 가늘게 뜨며 말했어요.

"영지야, 엄마랑 아빠 얘기가 끝나지도 않았는데 끼어들면 어떡해."

영지는 억울한 표정을 지으며 말했어요.

"저도 하고 싶은 말이 있어서 그랬어요."

"영지야, 대화에도 *순서가 있어. 누군가 얘기하고 있을 때는 그 사람 말이 끝날 때까지 기다렸다가 말하는 거야. 하고 싶은 말이 있어도 잠깐 기다려 줘."

그날부터 영지는 자기가 말할 차례가 올 때까지 기다렸답니다.

*끼어들었어요 자기 순서나 자리가 아닌 틈 사이를 비집고 들어섰어요.

*순서 무슨 일을 행하거나 무슨 일이 이루어지는 차례.

밑줄 친 부분을 쑥쑥 따라 써 봐요 읽고 쓴 날 월 일

한 줄 일기를 쓰고 쑥쑥 마음을 키워요

12 식사 예절을 지켜요

"끅. 잘 먹었다!"

쩝쩝 소리를 내며 식사를 마친 아빠가 요란하게 트림을 했어요. 그러고는 입을 벌린 채 이쑤시개로 이를 쑤셨어요. 엄마는 인상을 찌푸리며 말했어요.

"여보, 가족끼리도 식사 예절을 지켜야지요."

아빠는 다 쓴 이쑤시개를 쓰레기통에 버리려다 깜짝 놀라 물었어요.

"내가 식사 예절을 안 지켰다고요?"

그러자 엄마는 아빠가 식사할 때 했던 행동을 똑같이 흉내 냈어요. 쩝쩝 소리 내기, 크게 소리 내며 트림하기, 입을 벌린 채 이쑤시개로 이 쑤시기까지요. 그 모습을 본 아빠가 머리를 긁적이며 사과했어요.

"미안해요. 가족이라 편해서 그만……."

나는 아빠의 모습을 보고, 아무리 가까운 사이라도 식사 예절을 잘 지켜야겠다고 생각했어요. 식사 예절을 지키지 않으면 상대방에게 *불쾌감을 줄 수 있고, *예의가 없는 사람이 된다는 것을 알았거든요. 다른 사람과 함께 식사할 때는 다른 사람의 기분도 생각해서 식사 예절을 지켜야 한답니다.

*불쾌감 못마땅하여 기분이 좋지 않은 느낌.

*예의 사람이 사회생활을 하면서 마땅히 지켜야 할 것.

밑줄 친 부분을 쓱쓱 따라 써 봐요 읽고 쓴 날 월 일

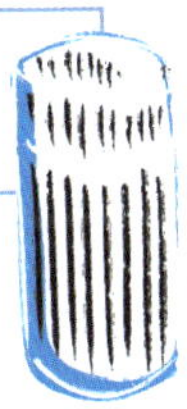

한 줄 일기를 쓰고 쑥쑥 마음을 키워요

13 방문을 열기 전에 노크해요

"으악!"

내가 언니의 방문을 벌컥 열자 언니가 비명을 질렀어요.

"정영인! 내가 문 열기 전에 꼭 노크하라고 했지?"

"미안! 깜빡했어. 그런데 뭘 그렇게 *유난을 떨어? 가족끼리."

나는 언니가 유별나다고 생각했어요.

"네가 만약 옷을 갈아입고 있었다고 생각해 봐. 그때 누가 문을 확 열면 어떻겠어?"

언니의 말을 들으니, 그건 정말 싫을 것 같았어요. 아무리 가족이라도 그런 상황이라면 *당황스러울 것 같았지요.

나는 언니에게 진심으로 사과했어요.

"언니, 미안! 언니 말을 들어보니까 내가 정말 잘못했어.

앞으로는 문 열기 전에 꼭 노크할게."

그날, 나는 언니 덕분에 깨달았어요. 아무리 가까운 사이라도 방문을 갑자기 여는 것은 예의가 아니라는 것을요. 그리고 문 열기 전에 '똑똑' 노크를 하는 것은 작지만 중요한 배려이고, 서로가 편안하게 지낼 수 있는 약속이라는 것을요.

*유난 언행이나 상태가 보통과 아주 다름.

*당황스러울 놀라거나 다급하여 어찌할 바를 몰라 할.

밑줄 친 부분을 쓱쓱 따라 써 봐요

읽고 쓴 날 월 일

한 줄 일기를 쓰고 쑥쑥 마음을 키워요

14 친구의 물건을 함부로 만지지 않아요

"멋있지? 우리 태산 오빠의 포토 카드야. 정말 힘들게 구했어."

며칠 전 유정이가 아이돌 가수인 태산의 포토 카드를 친구들에게 자랑했어요.

"와, 멋지다!"

나는 포토 카드를 향해 손을 뻗었어요.

"아, 안 돼. 구겨져."

나는 유정이의 *매몰찬 말에 화가 나서 쏘아붙였어요.

"흥, 얼마나 대단한 거라고 그렇게 *애지중지하냐?"

괜히 심술이 나서 유정이의 포토 카드를 확 낚아채려고 했어요. 놀란 유정이는 포토 카드를 꽉 움켜쥐었고, 그 바람에 포토 카드가 '찍' 하고 찢어져 버렸지요.

"으악! 나 몰라!"

유정이는 울음을 터뜨렸어요. 내가 친구의 소중한 물건을 허락도 받지 않고 함부로 만지다가 망가뜨린 거예요. 친구의 물건을 소중히 여기는 것, 그것도 친구 사이에 꼭 지켜야 할 예의인데 말이에요.

나는 유정이에게 진심으로 사과했고, 그날부터 태산의 포토 카드를 찾느라 바빠졌답니다.

***매몰찬** 인정이나 싹싹한 맛이 없고 아주 쌀쌀맞은.

***애지중지** 매우 사랑하고 소중히 여기는 모양.

밑줄 친 부분을 쓱쓱 따라 써 봐요 읽고 쓴 날 월 일

한 줄 일기를 쓰고 쑥쑥 마음을 키워요

15 친구 앞에서 더러운 행동을 하지 않아요

"안녕!"

"응, 예나야 잘 가!"

서준이는 엘리베이터 앞에서 예나를 배웅했어요. 수줍게 손까지 흔들면서요. 엘리베이터 문이 닫히자, 서준이는 *긴장이 풀린 듯 '후우' 하고 숨을 내쉬었어요. 오랫동안 서준이를 봐 온 단짝 유승이는 서준이의 모습에 놀라 물었어요.

"이서준, 괜찮아?"

"아니. 안 괜찮아. 예나랑 모둠 숙제 같이 하는 건 좋은데, 너무 긴장돼."

"그런 거 같더라. 내가 널 오래 알았지만, 이런 모습은 처음 봐."

유승이는 웃으며 서준이의 등을 툭 쳤어요. 그 순간 서준이가 뿡! 소리를 내며 방귀를 뀌었지요.

"으악, 이서준!"

"미안! 예나 앞에서 예의를 지키느라 꾹 참았더니……."

"으, 내 앞에서도 예의 좀 지켜 줘. 응? 아무리 친해도 친구 앞에서 더러운 행동을 하면 안 되는 거라고."

유승이는 코를 막은 채 투덜거렸어요.

"우리 사이에 방귀 정도는 트고 지내도 되지 않냐?"

서준이는 *민망한 듯 웃으며 답했답니다.

*긴장 마음을 조이고 정신을 바짝 차림.

*민망한 낯을 들고 대하기가 부끄러운.

밑줄 친 부분을 쓱쓱 따라 써 봐요

읽고 쓴 날 월 일

한 줄 일기를 쓰고 쑥쑥 마음을 키워요

쓱쓱싹싹

낱말 놀이

질문을 읽고 낱말을 짐작해 봐!

다음 빈칸에 들어갈 알맞은 낱말을 보기에서 찾아 써 보세요.

보기 순서 예의 유난 불쾌감 애지중지

사람이 사회생활을 하면서 마땅히 지켜야 할 것을 무엇이라고 할까요?

매우 사랑하고 소중히 여기는 모양을 무엇이라고 할까요?

무슨 일을 행하거나 무슨 일이 이루어지는 차례를 무엇이라고 할까요?

못마땅하여 기분이 좋지 않은 느낌을 무엇이라고 할까요?

언행이나 상태가 보통과 아주 다름을 무엇이라고 할까요?

4장

이웃을 바른 태도로 대해요

16 이웃과 웃으며 인사해요

"엄마, 5층 할머니는 좀 무서운 것 같아요."

"왜?"

보미는 이마에 주름이 잡히는 시늉을 하며 말했어요.

"엘리베이터에서 마주치면 늘 인상을 쓰고 계시거든요."

"그래? 내가 만났을 땐 늘 웃고 계셨는데……."

엄마의 말씀에 보미는 믿기지 않는다는 듯 고개를 갸웃거렸어요. 그러던 어느 날, 보미는 엄마와 함께 엘리베이터에서 5층 할머니를 만났어요. 엄마는 할머니를 보자 환하게 웃으며 인사를 건넸고, 보미는 엄마 뒤로 살짝 숨었어요.

"아주머니, 안녕하세요. 어디 다녀오세요?"

"네. *안경다리가 부러져서 고치러 나갔다 왔어요."

엄마와 인사를 나누는 할머니의 모습은 따뜻해 보였어요. 그 모습을 본, 보미는 용기를 내어 웃으며 인사했지요.

"할머니, 안녕하세요."

"아, 네가 601호에 사는 아이구나."

보미는 그제야 알았어요. 이웃을 만났을 때 웃으며 인사를 하면 하는 사람도, 받는 사람도 기분이 좋아진다는 것을 말이에요. 그저 웃으며 "안녕하세요." 하고 인사를 나눴을 뿐인데, 할머니의 모습이 전보다 훨씬 *인자하고 따뜻하게 느껴졌거든요.

*안경다리 안경테의 좌우에 달아 귀에 거는 부분.

*인자하고 마음이 어질고 자애롭고.

밑줄 친 부분을 쓱쓱 따라 써 봐요 읽고 쓴 날 월 일

한 줄 일기를 쓰고 쑥쑥 마음을 키워요

17 뒷사람을 위해 문을 잡아 주어요

유진이는 하굣길에 아이스크림을 사려고 편의점에 들렀어요. 계산을 마친 유진이가 문을 열고 나가려는 순간, 앞집 아주머니가 유모차를 *힘겹게 밀며 들어오고 계셨어요. 유진이는 얼른 문을 잡아 드렸지요.

"어머, 유진이구나. 네가 문을 잡아 준 거야? 고맙다!"

"헤헤, 뭘요. 그냥 문만 잡고 있었을 뿐인데요."

아주머니는 흐뭇한 미소를 지으며 말했어요.

"문을 잡아 주는 건 작은 행동이지만, 그런 행동이 상대방을 배려하는 마음을 보여 준단다. 유진이의 배려 덕분에 내 마음이 따뜻해졌어. 우리 아가도 유진이처럼 배려심 있는 아이로 자랐으면 좋겠다."

유진이는 얼굴이 빨개졌지만, 기분은 좋았어요. 그래서 집에 들어가자마자 책가방을 바닥에 내려놓고, 양말을 벗어 던지며 엄마에게 자랑을 늘어놓았지요. 그러자 엄마가 바닥에 팽개쳐진 가방과 뒤집힌 양말을 가리키며 말했어요.

"앞집 아주머니가 이런 것을 봐도 그런 말씀을 하셨을까?"

유진이는 *멋쩍게 웃으며 가방을 제자리에 걸고, 양말도 뒤집어서 빨래통에 넣었답니다.

*힘겹게 힘에 부쳐 해내기 어렵게.

*멋쩍게 어색하고 쑥스럽게.

밑줄 친 부분을 쓱쓱 따라 써 봐요　　읽고 쓴 날　월　일

한 줄 일기를 쓰고 쑥쑥 마음을 키워요

18 우리 함께 펫티켓을 지켜요

어제저녁, 나는 아빠와 함께 강아지 보리를 데리고 집 *주변을 산책하고 있었어요. 그런데 아파트 여기저기에 강아지 똥이 떨어져 있었어요.

"으악, 아빠! 여기 강아지 똥이 있어요."

"아휴, 사람들이 강아지 똥을 안 치우고 그냥 갔네."

아빠는 보리의 *배변 봉투를 꺼내 그 똥을 주워 담았어요.

"아빠, 이건 우리 보리가 싼 똥도 아닌데 왜 치워요?"

"누가 밟을지도 모르니까 치워 주는 것이지. 반려동물을 키우려면 펫티켓도 잘 지켜야 해. 성우는 펫티켓에 대해 알고 있지?"

나는 학교에서 배운 펫티켓 내용을 큰 소리로 말했어요.

"반려동물과 산책할 때는 목줄을 꼭 하고, 똥은 바로바로 치우고, 다른 사람의 반려동물은 허락 없이 만지지 않기! 그게 펫티켓이죠."

"맞아. 펫티켓은 사람도, 동물도 모두 행복하게 하는 예의야."

그날 저녁, 아빠와 나는 강아지와 함께 산책하는 사람들에게 배변 봉투를 나누어 주었어요. 다 함께 펫티켓을 지키면 우리 동네가 더 깨끗하고 따뜻해질 테니까요.

*주변 어떤 대상의 둘레.

*배변 대변을 몸 밖으로 내보냄.

밑줄 친 부분을 쑥쑥 따라 써 봐요　　　　읽고 쓴 날　　월　　일

한 줄 일기를 쓰고 쑥쑥 마음을 키워요

19 식당에서 뛰어다니지 않아요

준수네 가족은 오랜만에 고깃집에 갔어요. 준수는 고기가 나오기 전까지 너무 심심했어요. 그래서 누나 준희에게 장난을 쳤지요. 준희의 가방에 달린 인형을 빼서 도망친 거예요.

"야, 이준수. 그거 선물 받은 거야. 어서 줘."

준수는 낄낄 웃으며 식당 안을 가로질러 달렸고, 준희는 눈을 부릅뜨고 뒤를 쫓아갔어요. 그 모습을 본 아빠가 단호하게 말했어요.

"이 녀석들, 당장 이리 와서 앉아!"

두 아이는 평소와 달리 *근엄한 아빠의 말투에 놀라 조용히 자리에 앉았어요.

"식당에서 뛰어다니면 안 돼. 여기는 다른 사람들도 함께 식사하는 곳이잖아. 그렇게 뛰어다니면 *실례야. 그리고 만약에 음식을 든 사람과 부딪히기라도 하면 너희도 상대방도 모두 다칠 수 있어."

아빠가 주의를 주고 있을 때, 옆자리 아이가 슈퍼맨 흉내를 내며 의자 사이를 뛰어다녔어요.

"얍! 나는 슈퍼맨이다!"

그러다 그 아이가 물잔을 쓰러뜨리는 바람에 준수의 바지가 홀딱 젖었어요. 그제서야 준수는 아빠가 왜 식당에서 뛰지 말라고 했는지 이해했답니다.

*근엄한 점잖고 엄숙한.

*실례 말이나 행동이 예의에 벗어남. 또는 그런 말이나 행동.

밑줄 친 부분을 쑥쑥 따라 써 봐요

읽고 쓴 날 월 일

한 줄 일기를 쓰고 쑥쑥 마음을 키워요

20 도서관에서 휴대 전화는 진동으로 설정해요

"주연아, 나 오늘 도서관에 간다."

"그래? 그럼 나도 책 좀 구경해 볼까?"

책과 담을 쌓고 지내던 내가 도서관에 따라간다고 하자, 민하는 신기해하면서도 좋아했어요. 처음 가 본 도서관은 교실과 달리 조용하고 차분했어요.

재미있는 책을 찾아 읽고 있는데, 갑자기 휴대 전화에서 '짠짠짠' 벨이 울렸어요. 책을 읽던 사람들이 동시에 나를 쳐다봤지요. 나는 서둘러 전화기를 껐고, 민하는 당황한 나를 보며 말했어요.

"주연아, 놀랐지? 도서관에서는 휴대 전화를 진동으로 해 놓아야 한다고 알려 줬어야 했는데 내가 깜박했어."

"아니야, 도서관에서는 휴대 전화를 진동으로 해 두는 것이 *기본 예의인데 내가 잘못한 거지."

잠시 후, 민하가 뭔가 생각난 듯 '큭' 하고 웃었어요.

"그런데 네 벨소리 왜 트로트야?"

"아, 할머니께서 쓰시던 휴대 전화를 *물려받았는데 벨소리를 못 바꿨네."

우리는 웃으며 도서관을 나왔고, 그날 이후로 나는 도서관에 갈 때마다 제일 먼저 휴대 전화를 진동으로 바꾼답니다.

* **기본** 무엇을 이루는 데 가장 중심이 되고 중요한 것.
* **물려받았는데** 재물이나 지위 또는 기술 등을 전하여 받았는데.

밑줄 친 부분을 쓱쓱 따라 써 봐요

읽고 쓴 날 월 일

한 줄 일기를 쓰고 쑥쑥 마음을 키워요

쓱쓱쑥쑥

낱말 놀이

선으로 연결하여 문장을 만들어 봐!

다음 내용을 읽고, 어울리는 말을 선으로 연결하여 문장을 완성해 보세요.

할머니는 집에 놀러온 내 친구들을	아빠와 함께 강아지 보리를 데리고 집	식당에서 뛰어다니면 다른 사람에게
실례가	주변을	인자하게
산책하고 있었어요.	웃으시며 맞아 주셨어요.	될 수 있고 위험해요.

5장

주변에 관심을 가져요

쓱쓱 쑥쑥

21 도움이 필요한지 살펴요

“아, 이제 다음이면 내 차례다.”

해영이는 가방끈을 고쳐 매며 공중화장실 안을 둘러보았어요. 화장실에 사람이 많아 꽤 오래 기다렸고, 배도 살살 아팠거든요.

그때 한 아주머니가 어린아이를 데리고 뛰어들어 오셨어요.

“엄마, 나 쉬! 쉬!”

“조금만 참자, 응?”

“엄마, 나 급해!”

아이는 다리를 비비 꼬며 안절부절 못했어요. 정말 급해 보였지요.

해영이는 잠시 고민했어요.

‘내 뒤에는 두 명이나 있고, 다른 줄도 다 길어.’

해영이는 자신이 *양보해야겠다고 생각하고, *조심스럽게 아주머니에게 말을 걸었어요.

“아주머니, 화장실 먼저 쓰세요.”

“어머, 그래도 될까요? 정말 고마워요!”

해영이는 자리를 양보하고 자기 줄의 맨 뒤로 갔어요. 해영이는 자신이 한 작은 양보가 누군가에게는 꼭 필요한 도움이 될 수 있다는 걸 느꼈어요. 그리고 양보를 하니 뿌듯하고 좋았답니다.

*양보해야 길이나 자리, 물건 등을 사양하여 남에게 미루어 주어야.

*조심스럽게 잘못이나 실수가 없도록 말이나 행동에 마음을 쓰는 태도가 있게.

밑줄 친 부분을 쓱쓱 따라 써 봐요

읽고 쓴 날 월 일

한 줄 일기를 쓰고 쑥쑥 마음을 키워요

22 다친 친구를 도와요

용주는 요즘 다른 때보다 30분 일찍 일어나요. 같은 아파트 5층에 사는 친구 준우와 함께 등교하려면 서둘러야 했거든요.

준우는 지난주에 태권도를 하다가 다리를 다쳤어요. 그래서 한동안 깁스를 해야 하지요.

5층으로 가서 준우네 집 초인종을 누르자, 준우 어머니께서 문을 열어 주셨어요.

"용주 왔구나. 오늘도 고마워."

"헤헤, 뭘요."

준우는 목발을 짚고 엉거주춤 걸어 나오며 투덜거렸어요.

"에이, 너 아니었으면 학교에 안 가고 집에서 노는 건데……."

"뭐? 그럼, 나 그냥 간다."

둘이 *농담을 주고받자, 준우 어머니가 웃으며 말했어요.

"준우가 민망해서 농담하는 거 알지? 준우가 자긴 *행운아래. 용주 같은 친구가 있어서."

사실 처음에는 용주도 준우를 도울 생각을 못했어요. 그런데 무거운 가방을 들고 다친 다리로 힘겹게 걷는 준우를 보자 마음이 아파서 준우를 도와주게 된 것이에요. 그런데 이상하게 도움을 줄 때마다 용주의 마음도 따뜻해졌답니다.

*농담 실없이 놀리거나 장난으로 하는 말.

*행운아 좋은 운수를 만나 일이 뜻대로 잘되어 가는 사람.

밑줄 친 부분을 **쓱쓱** 따라 써 봐요

읽고 쓴 날 월 일

한 줄 일기를 쓰고 **쑥쑥** 마음을 키워요

쑥쑥 쑥쑥

23 놀이터에 위험한 것이 있으면 치워요

서연이는 엄마와 함께 마트에 가던 길에 어릴 때 자주 놀던 '팡팡 놀이터' 옆을 지나가게 되었어요.

그때, 무언가 반짝이는 것이 눈에 띄었어요.

"어? 저건 뭐지?"

서연이는 보물이라도 발견한 것처럼 뛰어갔어요. 가까이 가서 보니, 깨진 유리 조각이 햇빛에 반짝인 거였어요. 유리 조각을 본 엄마가 한숨을 내쉬었어요.

"휴, 위험하게 유리 조각이 떨어져 있네."

"엄마, 이대로 두면 아이들이 다치겠어요. 우리가 유리 조각을 치우면 어떨까요?"

서연이의 말에 엄마는 흐뭇하게 웃으며 대답했어요.

"그래, 위험한 걸 봤으면 *지나치지 말고 치워야지. 사고가 날 수 있으니까 말이야. 그나저나 우리 서연이가 잘 발견했네. 서연이의 *관심 덕분에 아이들이 다치지 않고 안전하게 놀 수 있겠어."

서연이는 엄마와 함께 조심조심 유리 조각을 치웠어요. 조금 힘들기는 했지만, 기분은 좋았어요. 놀이터에서 '까르르' 웃으며 노는 아이들의 소리가 들리는 것 같았답니다.

***지나치지** 어떤 일이나 현상을 문제 삼거나 관심을 가지지 아니하고 그냥 넘기지.

***관심** 어떤 것에 마음이 끌려 주의를 기울임. 또는 그런 마음이나 주의.

밑줄 친 부분을 쓱쓱 따라 써 봐요

읽고 쓴 날 월 일

한 줄 일기를 쓰고 쑥쑥 마음을 키워요

24 주운 물건은 경찰서에 갖다 주어요

석우는 학교 수업을 마치고 집으로 돌아가는 길이었어요. 터덜터덜 걷는데, 길 위에 네모난 것이 떨어져 있는 게 보였어요.

"어, 이거 지갑이네?"

석우는 지갑을 주워 곧바로 근처 경찰서로 향했어요.

"학생, 무슨 일로 왔어요?"

"길에서 지갑을 주워서 가져왔어요."

경찰 아저씨는 어디에서 주웠는지 물은 뒤, *분실 *신고가 접수되어 있는지 확인했어요. 다행히 지갑의 주인을 금방 찾을 수 있었어요. 조금 뒤, 연세가 꽤 많아 보이는 아저씨가 헐레벌떡 경찰서로 왔어요.

"학생이 내 지갑 찾아 준 거예요? 아이고, 고마워라."

"아니에요. 당연한 일을 한 것뿐이에요. 학교에서 배웠거든요. 길에서 주운 물건은 절대로 집으로 가져가면 안 되고, 곧바로 경찰서에 가지고 가서 신고해야 한다고요. 그래서 배운 대로 한 거예요."

아저씨는 기특하다는 듯 석우의 어깨를 쓰다듬어 주었고, 경찰 아저씨는 오른손 엄지를 '척' 올려 보였어요.

*분실 자기도 모르는 사이에 물건 등을 잃어버림.

*신고 어떠한 사실을 경찰서와 같은 행정 관청에 알림.

밑줄 친 부분을 쓱쓱 따라 써 봐요

읽고 쓴 날 월 일

한 줄 일기를 쓰고 쑥쑥 마음을 키워요

25 위험한 상황을 보면 알려요

자전거를 타고 공원으로 향하던 재준이는 깜짝 놀랐어요. 어제까지 멀쩡하던 길바닥이 '푹' *꺼져 있었거든요.

'헉! 저게 뉴스에서 보던 싱크홀인가?'

재준이는 아빠와 함께 싱크홀에 대한 뉴스를 본 적이 있었어요.

재준이는 일단 꺼진 바닥에서 멀찌감치 떨어진 다음 어떻게 해야 할지 생각했어요.

'싱크홀을 발견하면 어떻게 하라고 했더라?

아, 맞다. 주변에 알리고, 119에 신고하라고 했지!'

재준이는 사람들이 다가오고 있는 것을 보고 소리쳤어요.

"여기 바닥이 꺼져 있어요.

위험하니까 오지 마세요."

그리고 바로 119에 신고했지요. 잠시 후, 소방차가 도착하고 소방관들이 *위험을 알리는 표지판과 띠를 설치했어요.

재준이는 길바닥의 변화를 무심코 넘기지 않고 사람들에게 알렸어요. 덕분에 다른 사람들에게 생길 수 있는 위험을 막을 수 있었지요. 재준이는 앞으로도 위험한 상황을 보면 그냥 지나치지 않고 주변에 알려야겠다고 생각했답니다.

*꺼져 물체의 바닥이 내려앉아 빠져.

*위험 해로움이나 손실이 생길 우려가 있음.

밑줄 친 부분을 쓱쓱 따라 써 봐요

읽고 쓴 날 월 일

한 줄 일기를 쓰고 쑥쑥 마음을 키워요

쑥쑥쑥쑥

낱말 놀이

사다리를 타며 낱말을 찾아봐!

다음은 어떤 낱말의 뜻인지 사다리를 타고 내려가 확인해 보세요.

6장

질서를 지켜요

쓱쓱 싹싹

26 새치기를 하지 않아요

오랜만에 놀이공원에 간 언니와 나는 재미있는 놀이기구를 탈 생각에 잔뜩 들떠 있었어요. 우리는 바이킹을 타기 위해 *대기 줄에 서 있었지요. 한참을 기다리고 있는데, 우리 앞에 어떤 여자아이 두 명이 슬며시 끼어들었어요. 그러자 우리 언니가 조심스럽게 말했어요.

"저기요, 저희가 먼저 줄 서 있었는데요."

"우리도 줄 서 있다가 잠깐 화장실에 다녀온 거예요."

그때 우리 앞에 서 계시던 아저씨가 나무라듯 말씀하셨어요.

"학생들, 우리도 계속 여기 서 있었는데 학생들은 못 봤거든?"

아저씨의 말을 듣고 우리 언니가 단호하게 말했어요.

"아무리 기다리는 게 힘들어도 새치기하면 안 되죠. 우리도 다 힘들게 순서를 기다리고 있는 거라고요. 새치기는 기다린 사람의 시간을 빼앗는 거예요. 그러니까 뒤로 가 주세요."

그러자 새치기한 아이들은 부끄러웠는지 고개를 숙이고 황급히 자리를 떠났어요. 나는 그 모습을 보며 *질서를 지키는 것은 나 자신을 부끄럽지 않게 하는 일임을 깨달았답니다.

* **대기** 어떤 때나 기회를 기다림.

* **질서** 혼란 없이 순조롭게 이루어지게 하는 사물의 순서나 차례.

밑줄 친 부분을 쓱쓱 따라 써 봐요

읽고 쓴 날 월 일

한 줄 일기를 쓰고 쑥쑥 마음을 키워요

27 횡단보도로 건너요

"아, 늦었다. 늦었어."

대현이는 길에서 발을 동동 굴렀어요. 친구와 보기로 한 영화가 곧 시작할 시간이었거든요. *횡단보도까지 가서 건너면 영화를 못 볼 것 같았어요.

대현이는 급한 마음에 *차도로 걸어서 건너려고 했어요. 그때 누군가 대현이의 손을 꽉 잡았어요.

"안 돼!"

뒤돌아보니, 같은 반 친구 성준이었어요.

"길에 차가 없다고 해도 무단횡단을 하는 건 안 돼. 너무 위험해."

"나도 알아. 하지만 지금 너무 급하단 말이야. 영화가 곧 시작한다고."

"아무리 급해도 교통질서는 지켜야 해. 차도에 차가 없어 보여도 갑자기 나타날 수 있어. 그러면 정말 위험해. 그러니까 차도로 절대 건너면 안 돼."

대현이는 성준이의 말에 아무 대꾸도 못했어요. 그러자 성준이가 대현이의 어깨를 툭 치며 말했어요.

"영화의 앞부분을 못 봐서 속상하지? 그런데 영화보다 네 안전이 더 중요해. 알지?"

둘은 횡단보도가 있는 곳까지 가서 안전하게 길을 건넜답니다.

*횡단보도 사람이 가로로 건너다닐 수 있도록 안전표지나 도로 표지를 설치하여 차도 위에 마련한 길.

*차도 자동차만 다니게 한 길.

밑줄 친 부분을 쓱쓱 따라 써 봐요 읽고 쓴 날 월 일

한 줄 일기를 쓰고 쑥쑥 마음을 키워요

28 골목길에서 공놀이를 하지 않아요

단우는 집 앞 *골목길에서 친구들과 공놀이를 하고 있었어요. 한창 재미있게 놀고 있는데, 형이 단우를 불렀어요.

"단우야, 공놀이 그만하고 이리 와. 골목길에서 공놀이하면 위험해."

형의 목소리를 들었지만, 단우는 공 차는 것을 멈추지 않았어요. 단우가 찬 공이 높이 올라갔다가 도로 쪽으로 데굴데굴 굴러갔어요. 단우는 굴러가는 공을 주우려고 뛰어가다가 넘어지고 말았지요.

단우가 넘어진 것을 본 형은 놀라서 황급히 달려왔어요. 형은 단우를 일으켜 세우고 상처 부위를 '호' 불어 주었지요.

"많이 아파?"

"응. 형, 나 피 나."

형은 단우를 집으로 데려와 소독약을 발라 주고 반창고도 붙여 주었어요.

"단우야, 공은 어디로 굴러갈지 모르니까 공놀이는 *안전한 곳에서 해야 돼. 사람이랑 차가 지나다니는 골목길에서 공놀이하면 위험해. 앞으로 공놀이는 운동장이나 체육관처럼 안전한 곳에서 하자."

단우는 대답 대신 형이 붙여 준 반창고를 만지며 고개를 끄덕였어요.

*골목길 큰길에서 들어가 동네 안을 이리저리 통하는 좁은 길.

*안전한 위험이 생기거나 사고가 날 위험이 없는.

밑줄 친 부분을 쓱쓱 따라 써 봐요 읽고 쓴 날 월 일

한 줄 일기를 쓰고 쑥쑥 마음을 키워요

29 다른 사람의 자전거를 타지 않아요

한빈이는 새 자전거가 갖고 싶었어요. 그런데 부모님은 지금 타는 자전거도 충분히 탈 만하다며 새 자전거를 사 주지 않으셨어요.

"친구들은 다 새 자전거를 타는데, 나만……."

시무룩한 얼굴로 밖으로 나온 한빈이에게 친구들이 다가와 새로 산 자전거를 자랑했어요. 친구들의 새 자전거는 속도도 빠르고, 멋져 보였지요.

한빈이는 속상한 마음을 털어내려 무작정 길을 걸었어요. 그때 자전거 *거치대에 세워진 자전거 한 대가 보였어요. 한빈이가 갖고 싶은 그 자전거였는데, 자물쇠도 채워져 있지 않았어요.

'잠깐만 타고 다시 갖다 놓을까?'

한빈이는 순간 나쁜 마음이 들었어요. 그러나 이내 고개를 저었지요.

'남의 자전거를 함부로 타면 안 되지. 잠깐 타는 거라도 그건 나쁜 행동이잖아. 아무리 타고 싶어도 절대 하면 안 돼.'

한빈이는 마음을 고쳐먹었어요. 그리고 부모님을 좀 더 *설득해 봐야겠다고 생각했어요.

*거치대 자전거나 총 같은 물건을 받쳐 놓는 대.

*설득해 상대편이 이쪽 편의 이야기를 따르도록 여러 가지로 깨우쳐 말해.

밑줄 친 부분을 쓱쓱 따라 써 봐요 　　　　읽고 쓴 날 　월 　일

한 줄 일기를 쓰고 쑥쑥 마음을 키워요

30 대중교통에 음식물을 들고 타지 않아요

은아는 동생과 야구 경기를 보고 돌아오는 길에 음료를 샀어요. 지하철을 타기 전에 동생은 음료를 다 마셨는데, 은아는 음료가 많이 남아 있었지요.

은아는 음료를 버리기 아까워서 지하철에 들고 탔어요. 지하철에 사람이 많아서 은아와 동생은 문 가까이에 섰지요. 은아는 음료를 쏟을까 봐 걱정이 되어 컵을 꼭 움켜쥐고 있었어요.

그런데 자리를 옮기려고 움직이다가 다른 사람과 부딪히고 말았어요. 그 순간 음료가 은아의 옷에 쏟아졌지요.

"누나, 옷 다 버렸다."

음료 때문에 옷이 얼룩덜룩해졌지만, 은아는 *다행이라고 생각했어요.

'내 옷에 쏟아져서 다행이야. 다른 사람의 옷에 쏟아졌으면 큰일 날 뻔했어.'

그리고 은아는 다시는 음료를 들고 지하철이나 버스를 타지 않겠다고 다짐했어요. 대중교통에 음료를 들고 타면 다른 사람에게 *피해를 줄 수 있고, 위험할 수도 있다는 걸 깨닫게 되었거든요.

*다행 뜻밖에 일이 잘되어 운이 좋음.

*피해 생명이나 신체, 재산, 명예에 손해를 입음. 또는 그 손해.

밑줄 친 부분을 쑥쑥 따라 써 봐요

읽고 쓴 날 월 일

한 줄 일기를 쓰고 쑥쑥 마음을 키워요

쓱쓱싹싹

낱말 놀이

꼬불꼬불 길을 따라 문장을 만들어 봐!

다음 문장의 빈칸에 들어갈 낱말을 찾아 길을 따라가 보세요.

7장

함께 쓰는 물건을 소중히 해요

31 도서관에서 빌린 책을 깨끗하게 읽어요

재희는 학교 도서관에서 『명탐정 셜록 홈즈』를 빌렸어요. 읽고 싶었던 책이라 집에 오자마자 곧바로 책을 펼쳤지요. 이야기가 *흥미진진해서 책장이 술술 넘어갔어요.

재미있게 읽다 보니 어느덧 마지막 부분에 이르렀어요. 그런데 이야기의 결말 부분인 마지막 장에 스티커가 덕지덕지 붙어 있었어요. 사건의 *실마리가 풀리고, 범인이 누구인지 밝혀지는 아주 중요한 부분에요.

"으악! 이게 뭐야?"

재희는 결말이 너무 궁금해서 스티커를 떼어 보려 했다가 책이 찢어질까 봐 멈췄어요.

'도서관에서 빌린 책은 내 것이 아니고, 여럿이 함께 보는 책이니까 더 깨끗하게 봐야 해. 그게 함께 책을 나눠 볼 때 지켜야 하는 예의니까. 나부터 도서관에서 빌린 책을 소중히 봐야지.'

재희는 궁금한 마음을 꾹 참고, 다음 날 서점에 들러 책을 사서 마지막 장을 읽었어요. 범인은 재희가 짐작했던 바로 그 사람이었지요.

*흥미진진해서 넘쳐흐를 정도로 흥미가 매우 많아서.

*실마리 일이나 사건을 풀어나갈 수 있는 첫머리.

밑줄 친 부분을 쓱쓱 따라 써 봐요　　　　읽고 쓴 날　월　일

한 줄 일기를 쓰고 쑥쑥 마음을 키워요

쓱쓱 싹싹

32 공중화장실 휴지를 아껴요

민재는 친구들과 공원에서 배드민턴을 치고 땀을 씻으러 화장실에 갔어요. 민재는 휴지를 길게 풀어 둘둘 만 뒤 얼굴과 목을 닦았지요. 조금 뒤, 친구 동구가 소매로 물기를 닦으며 씩씩거렸어요.

"아, 휴지가 하나도 없네."

동구가 고개를 들어 보니 민재의 손에 휴지가 잔뜩 감겨 있었어요. 동구는 *통명스럽게 말했지요.

"김민재, 너희 집도 아닌데 휴지를 막 쓰면 어떡해? 다른 사람도 생각해야지."

"알았어……."

민재가 민망한 듯 기어들어 가는 목소리로 답하자, 동구가 부드럽게 말했어요.

"공중화장실은 나 혼자 쓰는 게 아니고 많은 사람이 함께 쓰는 곳이야. 내가 휴지를 너무 많이 쓰면, 휴지가 떨어져서 뒤에 오는 사람이 곤란할 수 있어. 그러니까 휴지는 꼭 필요한 만큼만 써야 해. 다음 사람들을 생각해서 말이야."

그때 옆에 있던 승민이가 거들었어요.

"맞아! 똥 누러 갔는데 휴지가 없으면 진짜 당황스럽다니까!"

승민이 덕분에 무거운 *분위기가 풀리고, 민재와 동구는 웃음을 터뜨렸어요. 그리고 민재는 동구의 말을 되새기며 자신의 행동을 반성했답니다.

*통명스럽게 못마땅하거나 시답지 아니하여 불쑥 하는 말이나 태도에 무뚝뚝한 기색이 있게.

*분위기 주위를 둘러싸고 있는 상황이나 환경.

밑줄 친 부분을 쓱쓱 따라 써 봐요 　　　　읽고 쓴 날 　월 　일

한 줄 일기를 쓰고 쑥쑥 마음을 키워요

33 놀이기구를 깨끗하게 타요

"형! 나 미끄럼틀 먼저 탈게."

"그래!"

나는 놀이터에 오는 길에 산 과자가 남아서 주머니에 넣은 채 미끄럼틀을 탔어요. 신나게 미끄럼틀을 타고 내려오는데, 주머니에서 과자가 빠져나와 미끄럼틀 위로 다 떨어지고 말았어요. 나는 '누군가 *치우겠지.' 하는 마음으로 과자를 줍지 않고, 다른 놀이기구를 타러 갔어요.

그런데 뒤를 돌아보니 형이 내가 흘린 과자를 줍고 있었어요.

"형, 그거 왜 줍고 있어? 청소하시는 분이 치워 주실 텐데……."

형은 손바닥으로 과자 부스러기까지 쓸어 담으며 말했어요.

"모두가 함께 쓰는 놀이기구니까 깨끗하게 써야 해. 네가 미끄럼틀을 타는데 쓰레기가 있으면 기분이 어떻겠어? 내가 깨끗하게 써야 다른 친구들도 기분 좋게 놀 수 있어. 깨끗한 놀이터에서 놀고 싶은 마음은 다 같으니까."

형의 말에 부끄러워진 나는 형과 함께 과자를 주웠어요. 오늘따라 형이 정말 *어른스러워 보였어요.

*치우겠지 청소하거나 정리하겠지.

*어른스러워 나이는 어리지만 어른 같은 데가 있어.

밑줄 친 부분을 쓱쓱 따라 써 봐요

읽고 쓴 날 월 일

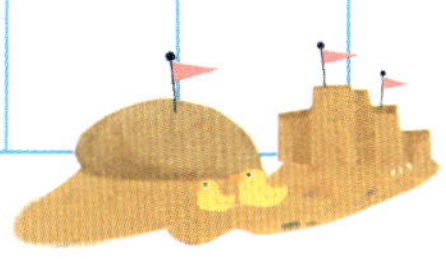

한 줄 일기를 쓰고 쑥쑥 마음을 키워요

쓱쓱 싹싹

34 교실 물건을 소중히 다뤄요

"더워! 더워!"

점심시간에 밖에서 뛰어놀던 아이들이 교실에 들어오자마자 우르르 에어컨 아래로 몰려들었어요.

"좀 비켜 봐! 바람이 안 오잖아."

"너야말로 좀 비켜!"

아이들은 서로 에어컨 바람이 잘 오는 자리를 *차지하려고 *아웅다웅했어요. 어떤 아이는 리모컨을 마구 눌러 바람 세기와 방향을 바꾸기도 했지요.

그때 효우가 침착하게 말했어요.

"얘들아, 다 같이 쓰는 교실 물건인데, 그렇게 막 누르면 고장 날 수도 있어."

아이들의 행동이 걱정됐는지 선호도 한마디 거들었어요.

"그래. 우리 조금씩만 양보하자. 에어컨이 고장 나면 이 더위에 우리 모두 찜통 속 찐빵처럼 지내야 해."

에어컨 아래에 서 있던 아이들이 하나둘씩 자리로 돌아가 앉았어요. 그러자 아이들의 모습을 가만히 지켜보던 선생님이 말씀하셨어요.

"교실 물건은 나만 쓰는 게 아니라 모두가 함께 쓰는 거예요. 교실 물건이 고장 나면 우리 반 친구들 모두가 불편해지니까, 다 같이 소중히 사용하기로 해요. 그게 바로 배려이고 예의랍니다."

*차지하려고 사물이나 공간, 지위 등을 자기 몫으로 가지려고.

*아웅다웅했어요 대수롭지 아니한 일로 서로 자꾸 다투었어요.

밑줄 친 부분을 쓱쓱 따라 써 봐요

읽고 쓴 날 월 일

한 줄 일기를 쓰고 쑥쑥 마음을 키워요

35 학교 물건도 소중히 다뤄요

우리 학교에는 누구나 자유롭게 빌릴 수 있는 '*양심 우산'이 있어요. 비가 올 때 사용한 뒤, 우산꽂이에 다시 꽂아 두면 되지요.

비가 오던 날, 나도 양심 우산을 빌렸어요. 그런데 비바람에 우산이 뒤집혀 망가지고 말았어요.

나는 '빌린 우산이니까 그냥 *반납만 하면 되겠지.' 하고 집 현관에 세워 두었어요. 그때 할아버지께서 들어오셨어요.

"고장 난 우산이 있네. 시우야, 이 우산 네 거냐?"

"아니요. 학교에서 빌린 거예요."

씻고 나왔더니 할아버지께서 공구함을 꺼내 우산을 정성껏 고치고 계셨어요.

"우리 손주가 비 맞지 않게 해 준 고마운 우산인데, 다시 말끔하게 고쳐야지."

나는 빌린 우산이니까 그냥 반납하면 된다고 생각했는데, 정성껏 우산을 고치시는 할아버지의 모습을 보니 부끄러웠어요.

다음 날, 우산을 반납하려고 보니 우산꽂이에 멀쩡한 우산은 없고, 고장 난 우산만 꽂혀 있었어요. 나는 앞으로 나부터라도 학교 물건도 내 물건처럼 소중히 쓰고 제자리에 잘 두어야겠다고 다짐했답니다.

*양심 자기의 행위에 대하여 옳고 그름을 판단하여 올바르게 행동하려는 의식.

*반납 도로 돌려줌.

밑줄 친 부분을 쓱쓱 따라 써 봐요

읽고 쓴 날 월 일

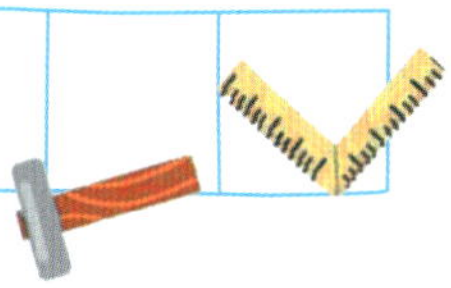

한 줄 일기를 쓰고 쑥쑥 마음을 키워요

쑥쑥쑥쑥
낱말 놀이

질문을 읽고 낱말을 짐작해 봐!

다음 빈칸에 들어갈 알맞은 낱말을 보기에서 찾아 써 보세요.

보기 반납 양심 실마리 분위기 아웅다웅

물건을 도로 돌려 주는 것을 무엇이라고 할까요?

일이나 사건을 풀어나갈 수 있는 첫머리를 무엇이라고 할까요?

자기의 행위에 대하여 옳고 그름을 판단하여 올바르게 행동하려는 의식을 무엇이라고 할까요?

주위를 둘러싸고 있는 상황이나 환경을 무엇이라고 할까요?

대수롭지 아니한 일로 서로 자꾸 다투는 모양을 무엇이라고 할까요?

8장

소중한 환경을 함께 지켜요

쓱쓱 쓱쓱

36 일회용품을 쓰지 않아요

우리 언니는 늘 텀블러를 들고 다녀요. 오늘은 언니와 함께 카페에 갔어요. 언니는 카페에서도 텀블러에 음료를 받았어요.

"언니는 왜 *일회용 컵 안 써? 그게 더 편하잖아."

"일회용 컵은 한 번 쓰고 버려져서 쓰레기가 많이 생겨. 그런데 텀블러를 쓰면 그런 쓰레기를 줄일 수 있어. *환경을 보호하는 작은 실천이지."

그때 카페 직원이 언니에게 말했어요.

"텀블러를 가져오셨으니까, 음료 값에서 삼백 원을 할인해 드릴게요."

언니는 기분 좋게 웃었고, 나는 눈이 동그래졌어요.

"우아! 텀블러를 쓰면 돈도 아낄 수 있네."

음료를 사서 나오는 데, 쓰레기통에 가득 쌓인 일회용 컵들이 보였어요.

'쓰레기가 저렇게 많이 쌓이는구나.'

그날 밤, 나는 특별할 때만 쓰던 보라색 텀블러를 깨끗이 씻고, 가족들에게 외쳤어요.

"이제부터 나도 텀블러 쓸 거예요!"

나부터 일회용품을 덜 쓰면, 지구가 조금 더 깨끗해질 테니까요.

***일회용** 한 번만 쓰고 버림. 또는 그런 것.

***환경** 생물에게 직접·간접으로 영향을 주는 자연적 조건이나 사회적 상황.

밑줄 친 부분을 쓱쓱 따라 써 봐요

읽고 쓴 날 월 일

한 줄 일기를 쓰고 쑥쑥 마음을 키워요

쑥쑥 쑥쑥

37 물을 아껴 써요

"은결아, 물을 틀어 놓지 말고, 컵에 받아서 써야지."

부모님은 늘 물을 아껴 써야 한다고 말씀하세요. 하지만 수도꼭지만 틀면 물이 콸콸 나오니까, 아끼지 않게 돼요.

그런데 나는 오늘 수업 시간에 선생님께서 보여 주신 다큐멘터리를 보고 *충격을 받았어요. 그 다큐멘터리는 깨끗한 물이 없어서 흙탕물을 먹고 병에 걸린 다른 나라 아이들에 관한 것이었어요. 그 나라 사람들은 위험한 줄 알면서도 목이 말라서 어쩔 수 없이 그 물을 마신다고 했어요.

저녁에 밥을 먹고 양치질하려고 물을 틀었는데, 흙탕물을 마시던 아이들이 떠올랐어요. 나는 곧바로 컵에 물을 받아 사용했어요. 그 모습을 본 아빠가 웃으며 말씀하셨어요.

"잔소리한 보람이 있네. 은결이가 컵에 물을 받아 쓰는 것을 보니."

나는 멋쩍게 웃으며, 이제부터 물 한 방울도 소중하게 아껴 쓰겠다고 다짐했어요. 내가 무심코 흘려 버린 물이나 *마구 쓴 물이 누군가에게는 소중한 생명수였을 테니까요. 그리고 나의 작은 실천이 누군가를 살릴 수도 있으니까요.

*충격 슬픈 일이나 뜻밖의 사건 등으로 마음에 받은 심한 자극이나 영향.

*마구 아무렇게나 함부로.

밑줄 친 부분을 쓱쓱 따라 써 봐요 읽고 쓴 날 월 일

한 줄 일기를 쓰고 쑥쑥 마음을 키워요

38 과한 포장은 하지 않아요

재경이와 상두는 책을 읽다가 뭔가 먹고 싶어져서 과자를 꺼내 왔어요.

과자 상자를 열자 플라스틱 용기가 나왔어요. 그 안에는 다시 비닐 *포장 세 개가 들어 있었지요. 비닐 포장을 뜯으니 그제야 과자가 나왔어요. 상두가 인상을 찌푸리며 말했어요.

"에이, 포장만 많고 과자는 별로 없네."

"맞아. 정말 포장이 *과해."

과자를 먹던 재경이가 갑자기 눈을 반짝였어요.

"우리 과자 회사에 편지 쓰자!"

"과자 많이 넣어 달라고?"

"아니, 과한 포장을 줄여 달라고 해야지."

둘은 편지에 어떤 내용을 담을지 의논했어요. 재경이가 잔뜩 나온 과자 포장을 보며 말했어요.

"과자 포장을 한 겹만 해 달라고 쓰자."

"그래, 좋아. 과한 포장이 환경에 어떤 피해를 주는지도 쓰자. 과한 포장을 하면 쓰레기가 많아져서 환경이 파괴되고 지구가 병들 수 있다고 말이야."

재경이와 상두는 지구를 걱정하는 마음을 담아 정성스럽게 쓴 편지를 과자 회사에 보냈답니다.

*포장 물건을 싸거나 꾸림. 또는 싸거나 꾸리는 데 쓰는 천이나 종이.

*과해 정도가 지나쳐.

밑줄 친 부분을 쑥쑥 따라 써 봐요

읽고 쓴 날 월 일

한 줄 일기를 쓰고 쑥쑥 마음을 키워요

39 공책을 끝까지 다 써요

"엄마, 저 이제부터 환경 지킴이가 될 거예요."

시훈이는 환경 캠프에 다녀온 뒤 *선언했어요. 부모님도 응원해 주셨어요.

"그래, 정말 멋진 생각이다!"

며칠 뒤, 시훈이는 책상 앞에 앉아 공책을 펼치며 말했어요.

"아휴, 글씨 쓰는 칸이 너무 좁아서 공부가 안 돼. 새 공책에 써야겠어."

시훈이는 몇 장 쓰지도 않은 공책을 휙 *재활용 상자에 집어넣었어요. 그 모습을 본 엄마가 조용히 물었어요.

"시훈아, 환경 지킴이가 되겠다고 하지 않았니? 다 쓰지도 않은 공책을 버리면 환경을 못 지킬 텐데. 공책 한 권 만드는 데도 많은 나무가 필요해. 공책 한 권을 끝까지 다 쓰고 버리는 게 환경을 지키는 일이야."

"공책은 재활용하면 되니까 괜찮아요."

"재활용할 때도 에너지가 들어. 제일 좋은 건 낭비하지 않고 끝까지 쓰는 거야."

시훈이는 부끄러운 듯 고개를 숙이고, 재활용 상자에서 다시 공책을 꺼냈어요. 진짜 환경 지킴이는 작은 것부터 실천하는 사람이니까요.

* **선언했어요** 자신의 생각이나 입장을 분명하게 드러냈어요.
* **재활용** 폐품을 용도를 바꾸거나 가공하여 다시 씀.

밑줄 친 부분을 쓱쓱 따라 써 봐요 읽고 쓴 날 월 일

한 줄 일기를 쓰고 쑥쑥 마음을 키워요

40 전기, 안 쓸 때는 끄거나 뽑아요

"누나, 화장실 불을 끄고 나와야지."

동생 지후는 요즘 환경 문제에 *관심이 생겨 잔소리쟁이가 되었어요.

'누나, 불 좀 꺼.', '플러그 뽑아야지.'를 하루에도 열두 번은 듣는 것 같아요.

"엄마, 드라이기를 안 쓸 때는 플러그를 뽑아야죠."

"어머, 엄마가 급하게 출근 준비하느라고 깜박했다."

지후가 또 한마디 하려던 찰나, 엄마가 먼저 말했어요.

"어, 지후야. 알았어. 플러그를 꽂아 놓는 것은 냉장고 문을 계속 열어 놓는 거랑 같다는 거지?"

"맞아요. 지금은 누구나 쉽게 전기를 쓰지만, 우리가 전기를 마구 쓰면 나중에는 전기를 만드는 데 필요한 *자원이 바닥나서 못 쓸 수도 있어요. 그러니까 지금부터 전기를 아껴 써야 해요."

나도 처음에는 지후의 잔소리가 귀찮았지만, 이제는 지후의 잔소리 덕분에 전기를 아껴 쓰게 되었답니다.

*관심 어떤 것에 마음이 끌려 주의를 기울임. 또는 그런 마음이나 주의.

*자원 인간 생활 및 경제 생산에 이용되는 원료로서의 광물, 산림, 수산물 등을 통틀어 이르는 말.

밑줄 친 부분을 쑥쑥 따라 써 봐요

읽고 쓴 날 월 일

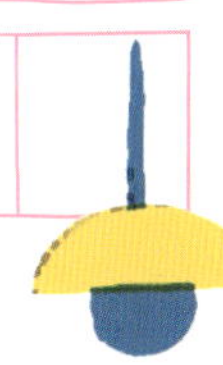

한 줄 일기를 쓰고 쑥쑥 마음을 키워요

쓱쓱싹싹 낱말 놀이

선으로 연결하여 문장을 만들어 봐!

다음 내용을 읽고, 어울리는 말을 선으로 연결하여 문장을 완성해 보세요.

나는 거대한 폭포를 보고 몹시

우리가 지금 전기를

환경을 오염시키는

일회용

마구

충격을

쓰면 나중에는 전기를 못 쓸 수 있어요.

받아 입이 다물어지지 않았어요.

제품의 사용을 줄여야 해요.

쓱쓱 따라 쓰며
쑥쑥 마음을 키웠나요?

언제든지 다시 펼쳐 보고
내 마음의 소리를 들어 보세요.

쑥쑥쑥쑥

낱말놀이 정답

1장

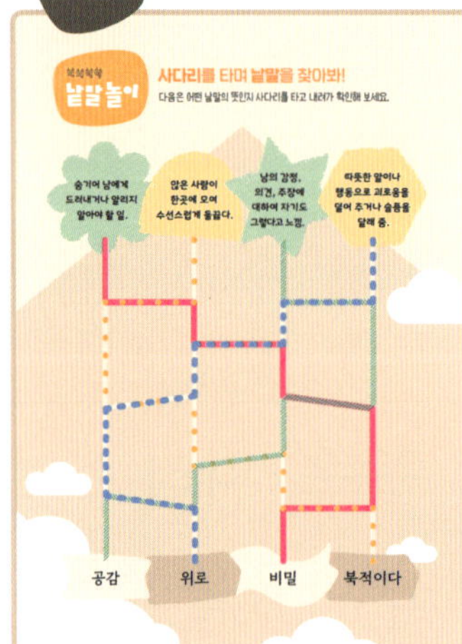

2장

3장

4장

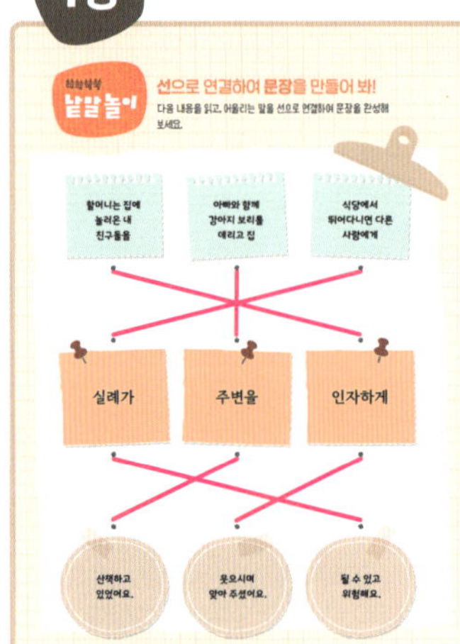

5장

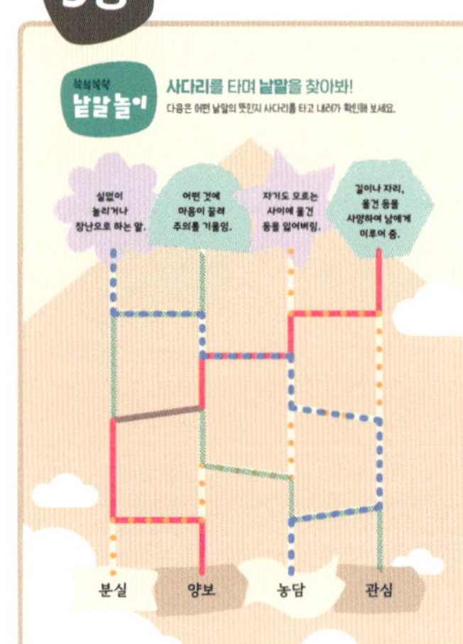

6장

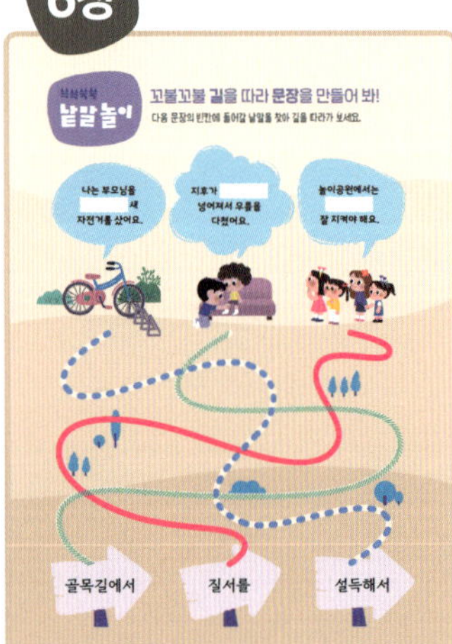

7장

8장

씈씈 따라쓰고 쑥쑥 성장하기 3 관계

왁자지껄 우리 관계

펴낸날 2026년 1월 1일(초판 1쇄)
펴낸이 주민홍 **펴낸곳** (주)NE능률
주소 서울시 마포구 월드컵북로 396(상암동) 누리꿈스퀘어 비즈니스타워 10층
대표전화 02-2014-7114 **홈페이지** www.neungyule.com

글 이현정, 김서나경, 왕입분
그림 루루, 명하나, 혜경, 유현진, 김경진, 지효진, 정희정, 윤희재
개발책임 장명준 **개발** 류예지, 이해준, 최수미, 박수희
디자인책임 오영숙 **디자인** 안훈정, 조가영, 장수현 **제작책임** 한성일

등록번호 제1-68호
ISBN 979-11-253-5119-1 **SET** 979-11-253-5116-0